Tisseron et De Quincy

Notice.

le Dr Vidal (de Poitiers.)

P. 1846

E7n
20383

NOTICE

SUR

M. LE DOCTEUR VIDAL

(DE POITIERS),

Chirurgien honoraire des dispensaires, médecin du
Théâtre-Français.

————————

Les médecins dont nous allons esquisser la vie
et les travaux appartiennent à cette portion du
corps médical que l'on est convenu d'appeler médecins praticiens, parce qu'étrangers aux spécu-
lations de la science, comme à toute autre spécu-
lation, leur vie s'use et se consume presque uni-
quement dans la pratique de la médecine. Chez ces
hommes, dont la modestie égale le savoir, on est
loin d'y rencontrer la fortune, ou même l'aisance
que semble comporter leur profession, et on peut
dire qu'ils n'ont pas, dans la société actuelle, la
position qu'ils devraient avoir. C'est que, forts
de leur conscience et du bien qu'ils savent faire,
ils négligent en général trop leur intérêt et se
montrent d'une indépendance peu propre à ob-

tenir de l'autorité une réforme, bien désirable cependant, pour établir leurs droits d'une manière
précise, et les mettre à l'abri de l'ingratitude qui
souvent pèse sur eux. Néanmoins, il faut espérer
que le moment n'est pas éloigné où une loi sage
et bien étudiée viendra donner satisfaction à des
souffrances d'autant plus dignes, qu'elles sont mieux
cachées; car la résignation doit avoir un terme!

C'est à la classe intéressante des médecins praticiens de la capitale, qu'appartient celui dont nous
allons offrir l'étude biographique.

Le docteur Pierre Vidal est né à Poitiers
(Vienne), le 10 avril 1803, d'une famille honorable,
mais peu favorisée de la fortune; sa première jeunesse, sans offrir rien de bien remarquable, présente cependant une particularité individuelle, qui
vraisemblablement fut la cause de la position qu'il
acquit dans la suite. A l'âge où les enfants, pour
l'ordinaire, ne songent qu'au jeu et aux divertisse-
ments, il suivait par imitation, plutôt qu'autrement,
quelques uns de ses camarades, plus agés que lui,
qui allaient chaque jour à l'une des extrémités de
la ville, suivre les leçons de l'aumonier d'un hospice, qui se faisait un plaisir d'enseigner les premiers éléments de la langue latine aux jeunes gens
qui se présentaient chez lui volontairement. En
appelant ainsi à l'instruction les enfants du peuple,
le but de ce vénérable ecclésiastique était évi-

demment de former des élèves pour le sacerdoce ; mais la manière large et libérale avec laquelle il distribuait cette instruction, laissait ses jeunes auditeurs libres de suivre la direction qui leur convenait.

Il y avait presque deux ans que le jeune Vidal suivait ces leçons, lorsqu'on en instruisit son père qui, voyant les choses en aussi bon train, crut ne devoir mettre aucun obstacle aux dispositions de son fils. Celui-ci suivit les diverses phases de la carrière où il s'était engagé, et quand plus tard on lui signifia qu'il n'était plus possible qu'il continuât ses études, à moins de se prononcer ouvertement pour l'état auquel on le destinait, il revint vers son père qui, malgré son peu de fortune et sa nombreuse famille, lui fit terminer ses études au Collége de Poitiers, où il prit le grade de bachelier-ès-lettres.

La Faculté de droit de Poitiers jouit en France d'une réputation honorable et méritée ; aussi est-elle, pour la province où elle est située, le point de mire de la jeunesse studieuse, le centre vers lequel convergent les jeunes ambitions de la localité. Rien de surprenant que celui qui avait en quelque sorte de lui-même dirigé son éducation première, eût songé à étudier le droit et pensé pour l'avenir au notariat, sans trop se rendre compte des difficultés.

Mais il devait en être autrement ! Son père avait autrefois fait quelques études en pharmacie, que la révolution de 93 était venu interrompre ; forcé de partir pour la guerre de la Vendée, il avait pu se prévaloir de ces études pour être employé à panser des blessés dans les hôpitaux que la guerre civile forçait d'improviser. Il avait gardé de ces fonctions temporaires un précieux souvenir, il voulut que son fils aîné fût médecin, qu'il entrât à l'École secondaire de médecine de Poitiers, pour s'y faire recevoir officier de santé. « Cela, disait-il, convenait mieux sous tous les rapports. »

Le jeune Vidal suivit les cours de médecine à Poitiers, eut plusieurs mentions honorables dans les concours et fut nommé élève interne à l'Hôtel-Dieu. Il ne tarda pas à désirer venir à Paris terminer ses études médicales et prendre le titre de docteur. Pour satisfaire une pareille ambition, les ressources du père se trouvèrent insuffisantes ; mais une tante, à qui l'avenir de son neveu inspirait toute confiance, vint d'elle-même offrir de compléter les frais nécessaires à une tentative qui paraissait si téméraire à toute la famille, que l'on ne se faisait pas faute de faire au père Vidal des représentations et même des reproches sur ce que l'on appelait sa faiblesse ; et « on ne comprenait pas, disait-on, qu'il pût faire suivre à son fils une carrière qu'il ne pourrait pas soutenir, tandis que toute autre profession eût été moins onéreuse et plus promptement lucrative ». A tout ce qu'on pouvait dire, il se contentait de répondre : « Laissez faire, mon fils sera un jour le soutien de ses frères et sœurs ». Le brave homme ne savait pas prédire si juste.

Arrivé à Paris, le jeune Vidal suivit avec ardeur les cours de la Faculté et particulièrement les hôpitaux, ces mines fécondes d'instruction, où les préceptes de la science, mis journellement en pratique, sont souvent tempérés dans ce qu'ils ont de trop absolu, et modifiés d'après une foule de circonstances individuelles ; particularités que les livres n'enseignent point et qu'apprend seule l'observation au lit des malades. Frappé de cette vérité, notre élève éprouva le désir de se faire attacher à ces mêmes hôpitaux en qualité d'interne, ce qui lui permetterait de prolonger son séjour à Paris, sans outrepasser les faibles ressources qu'on lui avait promises. Il obtint cette place au concours et séjourna en cette qualité pendant quatre ans dans divers hôpitaux, tels que Beaujon, Saint-Louis, l'Hôtel-Dieu, la Charité, suivant avec persévérance les cliniques des différents maîtres dont il était ainsi l'élève le plus rapproché.

La place d'interne dans les hôpitaux de Paris présente sous le point de vue de l'instruction pratique des avantages considérables, mais les avantages matériels sont fort modiques ; et quoique notre nouvel interne eût depuis longtemps l'habitude de l'économie et des privations, il n'eût pu se suffire à lui-même, s'il n'eût eu l'idée d'augmenter les émoluments de sa place en donnant aux étudiants qui fréquentaient les hôpitaux, des répétitions d'anatomie et de pathologie, pour leur faire passer leurs examens. Par ce moyen, il put rester à Paris sans avoir recours à sa famille, et s'y soutenir honorablement.

Dans le cours de la dernière année de son internat, il soutint sa thèse pour le doctorat ; cette thèse, formulée en propositions, contient le résumé de divers faits pratiques observés pendant son séjour dans les hôpitaux, ou puisés aux cliniques de MM. Roux et Boyer, à l'hôpital de la Charité, et de MM. Piorry et Rostan, à l'hospice de la Salpétrière. Il subit cette épreuve, comme toutes les autres pour le même grade, d'une manière très satisfaisante.

Convaincu de la vérité de cet adage, que « nul n'est prophète en son pays, » et n'ayant pas du reste la position de fortune qui, surtout en province, impose toujours la considération, il résolut par cette double considération de rester à Paris, et de s'y faire une clientèle.

Mais l'inconvénient que nous avons déjà signalé, apparaissait plus menaçant encore qu'à l'époque de

son internat ; car comment rester à Paris sans avoir
le moyen d'attendre que la clientèle vous donne
quelques résultats pécuniaires ? et une position pré-
caire est peu propre à l'attirer. Néanmoins, notre
jeune docteur ne se laissa pas décourager pour si
peu ; il donna de nouveau, et sur une plus grande
échelle, des répétitions aux élèves en médecine, les
dirigea dans leurs dissections, fit des cours d'anatomie pendant l'hiver, de médecine opératoire pendant l'été, et fut le premier qui eut l'idée d'exercer
les élèves à la pratique de l'auscultation et de la
percussion au lit des malades dans les hôpitaux, et
notamment dans le service de son compatriote,
M. le professeur Piorry, qui avait été son maître
et qui était devenu son ami. Les élèves se char-
gèrent de récompenser tant de soins, et M. Vidal
put attendre une clientèle.

Pendant ce temps, il se préparait aux concours,
auxquels l'appelaient naturellement la direction de
ses études et ses premiers essais dans l'enseigne-
ment particulier. Nous l'avons vu, inscrit pour l'a-
grégation, se présenter au bureau central, échouer
et n'y plus reparaître. Nous avons cherché à nous
rendre compte de ce fait, en contradiction avec
toute une existence antérieure ! M. Vidal aurait-il
douté de lui-même ? Nous le déplorerions ; car même
dans ce premier concours, tenté en quelque sorte
à titre d'essai, il avait montré des qualités solides

qui, avec quelques efforts et surtout un peu de persévérance, n'auraient pas manqué de le faire triompher dans une autre circonstance. Combien avec moins d'instruction et de rectitude dans le jugement, mais avec plus de ténacité, sont arrivés au poste où il semblait naturellement appelé !

Nous pensons que les soins d'une clientèle naissante auront trop tôt préocupé ce jeune médecin, et ne lui auront pas permis de poursuivre la carrière dans laquelle il était entré. Nous ne nous sentons pas la force de lui en faire un reproche ; car, si la vie de concours promet à celui qui réussit un avenir brillant, par combien de temps, d'études et de privations ne faut-il pas l'acheter ? En revanche, la clientèle seule donne rarement une position aussi élevée que le concours, mais elle la donne plus prompte et plus sûre. Peut-on en conséquence reprocher à M. Vidal d'avoir préféré une position certaine, et qui s'offrait d'elle-même, à une éventualité, dont la non réalisation eut pu compromettre son avenir ?

Quoi qu'il en soit, il acquit en quelques années, sans patronage et sans sacrifice d'argent, une assez bonne clientèle, qui lui permit de rendre à sa noble tante, les avances qu'elle avait généreusement faites pour son instruction, et de ne pas répudier le seul héritage que lui eût laissé son père, celui d'être le guide et l'appui de ses frères et sœurs.

Plus tard, il unit sa destinée à une personne qui, comme lui, avait connu l'infortune, mais qui, par sa sagacité, son intelligence et ses capacités commerciales, avait acquis une position honorable; dans cette union entre deux individus si faits pour se comprendre, où l'un apportait en aisance l'équivalent de ce que l'autre apportait en considération, on pût voir le présage d'un avenir heureux. Devenu par son mariage tout-à-fait indépendant, il sut satisfaire les doux penchants de son âme, en venant en aide à sa famille, et aujourd'hui il jouit de la douce satisfaction de ne pas être resté en arrière de la mission que son père en mourant lui avait laissée.

M. le docteur Vidal a fait partie de la Société anatomique de Paris, dont il est aujourd'hui membre correspondant. Il a présenté à cette Société un assez grand nombre de pièces anatomiques importantes, entre autres : 1° un cancer du pancréas parfaitement circonscrit, qui prouve que cette affection peut avoir son point de départ dans cette glande, et n'être pas toujours le résultat de l'extention de celle de l'estomac; 2° un véritable anévrysme du cœur, constitué par la rupture d'une portion des fibres de cet organe, tandis que la portion non rompue se dilate et forme le sac anévrysmal, comme cela a lieu pour l'anévrysme artériel.

Ce fait bien établi est aujourd'hui passé dans la science, et il en est fait mention dans presque tous les ouvrages modernes sur les maladies du cœur et des gros vaisseaux.

Il a été pendant six ans médecin du bureau de bienfaisance du onzième arrondissement, et n'a quitté ce poste qu'en changeant d'arrondissement.

Pendant onze ans, il a été chirurgien du cinquième dispensaire de la Société philantropique, et en est aujourd'hui membre honoraire.

Il est un des médecins de la Comédie-Française,

Et fait partie de la Société de médecine du deuxième arrondissement qu'il habite.

Indépendamment de sa thèse, M. le docteur Vidal a publié plusieurs articles dans les journaux de médecine, notamment une observation d'inflamation cérébrale par cause externe, avec paralysie du sentiment et du mouvement, suivie de guérison, et la relation d'une opération d'anus artificiel pratiquée avec succès, par M. Amussat, sur le colon lombaire droit, pour une occlusion du tube digestif, datant de plus de quarante jours, chez un malade de la clientèle de M. Vidal. Ces deux observations sont accompagnées de remarques importantes.

Il a dernièrement été chargé par ses confrères de présenter en séance publique le rapport du service de santé des dispensaires de la Société philantropique de Paris, pour l'année 1843, rapport imprimé dans le Bulletin de cette Société, et dans lequel on trouve exprimé le désir de voir réunis en cercle médical, par les soins de l'administration, tous les médecins et chirurgiens de ces mêmes dispensaires.

Nous croyons savoir que M. Vidal consacre les moments de loisir que lui laisse sa clientèle, à traduire un ouvrage anglais sur la chirurgie, de concert avec le docteur Scott. Nous croyons même qu'au moment où nous écrivons ces lignes, le premier volume de cet ouvrage doit être sous presse. Une pareille collobaration nous fait espérer une traduction aussi exacte et aussi judicieuse que possible.

L'esquisse biographique que nous venons de tracer ne renferme aucuns de ces faits, de ces travaux, de ces découvertes qui conduisent aux honneurs et commandent l'admiration; aussi, en l'écrivant, n'avons-nous pas pour but de lui donner l'éclat qui lui manque, mais de montrer ce que peut le travail opiniâtre, uni à l'esprit de conduite, pour faire sortir celui qui en est doué de la position où la nature l'avait fait naître; d'établir qu'une pareille organisation est non seulement un bienfait pour celui qui la possède, mais encore pour ceux qui l'entourent, et que l'instruction, quoiqu'on en dise, est toujours un bien, même pour l'homme pauvre, surtout s'il sait s'en servir avec tact et persévérance.

TISSERON et DE QUINCY.

Paris, 29 janvier 1846.

2351   Impr. de MAULDE et RENOU, rue Bailleul, 9—11,